AF451519

VERITABLE
DECLARATION
FAITE
AV ROY.
ET A NOS SEIGNEVRS
de son Conseil, des riches,
& inestimables
# T·HRESORS,
NOVVELLEMENT,
descouuerts dans le Royaume
de France.

Presentée à sa Majesté par L.B.D.B.S.

M. DC. XXXII.

VERITABLE
DECLARATION
FAITE
AV ROY,
ET A NOS SEIGNEVRS DE SON CONSEIL,

Des riches & inestimables
THRESORS,

*Nouuellement découuerts dans le Royaume
de France.*

Lusieurs voyant au frontispice
de ce discours le nom de ma
qualité, me iugeront à mesme
temps plustost capable de l'œ-
conomie d'vne maison, & des
delicatesses accoustumees au sexe, que capable de faire percer, & creuser des montagnes, & tres exactement iuger les grands
thresors, & benedictions, enfermez & ca-
chez dans icelles: Opinion vrayement par-
donnable à ceux qui n'ont leu les Histoires
anciennes, où il se void que les femmes ont

A ij

esté non soulemēt tres belliqueuses, vaillātes & courageuses aux armes, mais encores tres-doctes en la Philosophie, & qu'elles ont enseigné aux Escholes publiques, parmy les Grecs & les Romains. Ie confesse ingenuëment la cognoissance des Mines estre tres-occulte, l'experience tres-difficile, & la pratique tres-perilleuse, & que pour paruenir à vne parfaicte cognoissance de toutes les particularitez necessaires en cét Art, vne lōgue suitte d'annees est requise, la demeurance de dessus les lieux, & vne continuelle descente dedans les Puits, & Canaux des Mines, auec vn quotidien exercice aux Officines des fontes, separations & espreuues: Ce qu'ayant fait depuis trēte annees auec les plus honorables charges qui soient parmy les Offices de cét Art, tant du S. Siege Apostolique, de la Sacree Maiesté Imperiale, qu'autres grands Princes Chrestiēs. En fin mon inclination, & celle de mon Mary, portee au seruice du Roy tres-Chrestien, des Ministres de son Estat, & de tous ses subiets, nous fit resoudre à le venir seruir, estant asseuree par plusieurs voyages que i'y auois fait auec mon Mary, que le Royaume de France estoit plein de tres-bónes Mines, & de toutes sortes de Metaux, & Mineraux, où estant arriuee, i'eus l'honneur d'auoir vne Cōmission de Monseigneur le Ma-

reschal d'Effiat, Sur-intendant General des
Finances & des Mines & Minieres de Fráce,
sous laquelle i'ay voulu à mes propres fraiz &
despens m'asseurer des lieux où estoient les
Mines, les meilleures, & les plus faciles à ou-
urir, & qui apporteroient plus de profit à sa
Maiesté: Pour cét effet i'ay voyagé six années
cótinuelles par toutes les Montagnes du Royaume, & dás les lieux où i'ay iugé y pouuoir
rencontrer quelque chose, i'ay trouué quantité de bonnes Mines, remplies de Metaux, &
de tres bons & excellés Mineraux, capables
estans bien trauaillces, de rendre sa Maiesté le
plus puissant Monarque de la terre, en Or, en
Argent, & en toutes sortes de Metaux & Mineraux: I'en ay tiré de toutes sortes de matie-
res suffisammét, qui font auec moy, Et de toutes est fait les essays en bonne quantité, pour
recognoistre le degré de leur bonté, & quelle
vtilité en pourroit retirer sa Maiesté, lesquels
ont esté portez & monstrez aux Ministres de
l'Estat, & à son Conseil, si bien qu'il ne reste
plus que de cómencer les ouuertures, & met-
tre l'ordre requis à telles entreprises : que ie
feray quand il plaira à Móseigneur le Maref-
chal; Mais vayant que sa Maiesté a esté iuf-
qu'auiourd'huy trópee par plusieurs personnes qui ont prins des Commissions pour descouurir lesdites Mines, & s'en sont tres-mal

acquitez, au preiudice de ſes ſuiets & au meſ-
pris du Royaume, lequel en eſt fourny auec
plus d'abondãce qu'autres pays, ie veux faire
voir en ce petit Diſcours, que l'ignorance de
ces gens-là a apporté vne grãde perte aux Finances de ſa Maieſté, ſoit de la perte du tẽps
qui ne ſe recouure iamais, ſoit de la mauuaiſe
croyance qu'ils ont donnee aux eſtrangers, &
aux ſuiets, que les Mines de France eſtoiẽt de
peu de valeur, & qu'elles couſteroient beau-
coup plus à les trauailler qu'elles ne rapporteroient de profit, ce qui eſt neantmoins tres-
faux & digne de punitiõ. Mais pour faire voir
clairement & ouuertemẽt à vn chacun le mã-
quement de ces gens-là, & le moyen d'éuiter
leur fineſſe & recognoiſtre leur capacité, i'en
diray mes ſentiments en ce petit Diſcours,
fondee ſur mes experiences.

Pluſieurs diſcourent des Mines, des Metaux & mineraux qui s'y peuuent trouuer dedans, mais comme les Aueugles iugent des
couleurs, par le raport d'autruy, qui n'en ont
eu non plus qu'eux la cognoiſſance, ou par
des memoires delaiſſées de ceux qui n'ont
peu paruenir à leur cognoiſſance, ny ouuer-
ture, & ſoubs ces imaginations ſe forment
des idées Platoniques, & propoſent ce qu'ils
ne ſçauroient faire, & ce qu'ils n'ont iamais
veu faire, deſquelles propoſitions quelques

vnes estans tombées entre mes mains, exa-
minées & recognuës, i'eusse iugé estre coul-
pable de la punition diuine, & des hommes
capables en ce mestier, de les laisser courir
plus auant sans en môstrer les defectuositez,
puis qu'elles importent au Roy & au public.

Premierement leurs propositions font clairement voir & paroistre qu'ils ne parlent que
par autruy & par des memoires de personnes
mortes, lesquelles n'ôt iamais esté recognuës,
ny eu aucunes charges, ny Offices dans nos
diuines Fodines, soubs quelque Prince de la
terre que ce soit, si bien que de les croire ce
seroit s'embarquer dans vn long voyage la-
borieux, & de tres-grande despence sur vne
simple planche de fondement, & abuser de
l'immense grandeur de sa Majesté, & prodi-
guer ses finances trop legerement.

Ils parlent des lieux où ils n'ont iamais esté,
ils trauersent les entrailles de la terre dans l'i-
magination de leur esprit, & s'ils ne furent iamais au fond d'vne Mine, qui fait souuent fre-
mir les plus hardis esprits, si vne longue pratique ne les à asseurez, au peril de leur vie à
toute heure du iour.

En premier lieu ils disent que dans les montagnes de France il y a d'innumerables thresors, mais qui le leur a dit, ce n'est pas par sciê-
ce qu'ils ayent appris dans les Mines, ny

moins par leurs instruments, necessaires à telles recherches: car ils ne les ont point, &
quãd ils les auroient, ils ne les entendent pas,
& par la seule veuë cela ne suffit pas.

En second lieu, ils disent que les Romains
dans la splendeur de leur Empire en ont tiré
tous les ans quatre millions d'or, sans ce qu'ils
tiroient de l'Argent, & d'vn nombre infiny
des autres Metaux & Mineraux: Comme du
Cuiure, de l'Estain, du Plomb, du Fer, & du
Fer propre à reduire en Acier, du vif Argent,
soit en Cinabre ou autremét, de l'asur, du verd
d'asur, du vitriol, de l'allun, de l'ocre, du saffre,
de l'Emery, de l'Orpimãt rouge & jaulne, de
l'Antimoine, du Bol, de la Calamine, du
Talc, du Soulphre, & de toutes sortes de
Marcassites, du Marbre de toutes couleurs,
du Porphire, de l'Albastre, du Cristal, des
Turquoises, des Amatistes, des Agates, des
Lapis, & autres Mineraux: Mais qui leur a
dit, où sont les procés verbaux qu'ils en ont
faiét dessus les lieux, & les essays qu'ils en ont
tiré, en presence de qui, & ou sont tant de sortes de mines & Mineraux, que ne les a-on ap-
portées au Conseil de sa Maiesté, ou à Monseigneur le Mareschal, ils disent le tenir des
histoires & principalement de Pline, qui a es-
crit la plus grande partie de son Histoire, sur
des memoires, & par ouïr dire comme eux:

En ce

Est-ce pas chose digne de risée de faire telles propositions, il falloit auoir veu, obserué, recogneu & experimenté. Et s'ils l'auoient fait, ils auroient dit plusieurs choses sur ce subiect desquelles ils ne parlent point.

Ils disent en troisiesme lieu, que les memoires qu'ils en ont leur a apris, mais les particularitez qu'ils rapportent de céte multitude de Montagnes, (si promptemēt couruës) & l'adjoustement des enseignemēts qui leur en ont esté donnez, iustifient clairement qu'ils n'en ont aucune pratique, puis qu'ils ne parlent pas dans les termes de l'Art.

Ie laisse sous silence, & comme chose inutile leurs discours, pour persuader ce trauail & ces belles obiections qui se font à dessein.

Comme aussi ces facilitez de parfaire leur entreprise, me contentant de dire là dessus qu'ils parlent trop generalement, trop legerement, & trop hardiment, d'vn fait du tout importāt: mais ils ne disent pas le pouuoir faire, & n'en donnent aucunes preuues, qui seroient neantmoins tres vtiles & necessaires pour les faire croire capables d'vne sciéce où la pratique & la cognoissāce leur defaut. Ie les conseille charitablemēt d'aller seruir les Officiers des mines d'Hongrie, à Scheminis, & là faire leur apprentissage dans la Mine du Bibertollen, qui a huict cents toises de profondeur.

Il eſt certain & aduoüé de to' ceux qui ont la cognoiſſance des Mines , qu'il n'y à aucun Metail dans ſa matrice ſans meſlange le toro-gene, eſtant touſiours meſlé auec lomogene: & qui le contredira ie m'offre à le vaincre par demonſtration. Ie dis donc qu'il ne ſe treuue que tres rarement du Plomb qu'il ne tienne d'Argent & n'en eſt iamais treuué qu'en Polo-gne, à la mine de Kakaray, duquel les eſprou-uers aux Officines de Cremis , Scheminis, & Neuſol en Hongrie, s'en ſeruét pour faire leur eſſay : auſſi il n'y a point de Cuiure qui ne tienne d'Argent , & bien ſouuent d'Or, & d'Argent : Comme la Mine de Neuſol, qui depuis quinze cens ans eſt trauaillée, & rend encores chaſque année tous fraits faits deux mil Richedales à la Sacrée Maieſté Imperial-le, comme ie feray voir par les Cedulles de la Chābre dudit Neuſol, Signé Rozé Lieutenāt du Baron de Beau-Soleil pour ſa Maieſté Impe-rialle, ſi bié que ceux qui ignorent le principe des Metaux, leur flus, & ſeparatió dās le Four-neau du grand Teſt, perdent vn grand bien, & vendent le fin Or & Argent auec leur Plób & cuiure, & auec les metaux meſlangez, & au lieu de trouuer du profit, ils trouuét de la per-te: Et au contraire ceux qui par vne longue experience ſçauent ſeparer Letorogene de l'Omogene, ils trouuent vn grand profit, &

font rapporter de grandes commoditez dans
les Finances de leurs Princes.

De ces choses il se peut conclurre que les
vrays imitateurs de Nature, ont vn grand ad-
uantage à la transmutation des Metaux, côme
en transmuant le fer en acier, l'acier & le fer
en cuiure, le cuiure en argẽnt, & l'argẽt en or,
le plomp en mercure & en estain, & mesme
en or & argent, & en tirent vne medecine
vniuerselle pour guarir toutes maladies, par
la cognoissance qu'ils ont de leur Mercure vif
& de leur soulphre incombustible: Aussi ceux
là font la vraye transmutation, & ceux-cy la
seule separation.

Quant à la quantité & qualité des Mines de
France, elles sont en grand nombre, & en di-
uerses Prouinces, comme dans la Prouence,
& Dauphiné, dans l'Auuergne, Languedoc,
Viuarets, Forest, Vellay, au Maine, Normã-
die, Comté de Foix, Monts-Pirenees, en Bre-
taigne haute & basse (où i'ay trouué le Pro-
cureur General plustost porté à la ruyne & à
la destruction des mines du Roy, & de ses Officiers, qu'à l'augmentation de ses Finãces, &
vtilité du bien public) dans le Lyonnois &
Beaujolois, Comté de Bourgongne, en Chã-
pagne & Poictou, Giuaudan, & Bigorre, côme d'or & d'argẽt, de cuiure, d'estain, de plõb,
de fer, de mercure, aussi bon que celuy d'Es-

pagne, du Vitriol, mefme du blanc, auffi bon
que celuy de Hongrie, des trois efpeces d'antimoine, auffi bonnes qu'en Allemagne, du
foulphre vif, iaune & rouge, du cinabre mineral, contenant quantité de mercure quantité de bol, auffi bon que la terre figelee, des
cinq efpeces d'ocre, de fix efpeces de talc, du
faffre, & du iayet, en bonne quantité de mar-
bres, & de toutes couleurs, porphire, & alba-
ftre, du criftal de roche, des emeraudes, ama-
tites, & agates, de la houlle, auffi bonne à brû-
fler que celle de Liege, des tourbes, auffi bô-
nes au feu que celles de Hollande. Et de toutes ces chofe i'en ay auec moy, auec les Ar-
refts des Parlemens de France, où i'ay efté, les
atteftations & procez verbaux des Iuges des
lieux où ie les ay tirez, & deuant qui les efpreuues ont efté faites: afin de faire voir aux
Miniftres de l'Eftat que i'ay procedé en ma
Commiffion, methodiquement & religieu-
fement aux recherches de la France, comme
i'ay fait dans l'Hongrie, Boëme, Tirolle,
Saxe, Silefie, Morauie, Mafcouie, & Italie,
auec detres honorables charges des Princes
Souuerains, defquels nous auons receus tous
les honneurs qui ie pouuoiét efperer, mefme
que l'Empereur prefent a fait l'hôneur à mon
mary de le qualifier fon Confeiller & Com-
miffaire General des trois Châbres de Hon-

grie. Le Pape l'a fait General des Mines de
tout l'Eſtat Apoſtolique. L'Archiduc Leo-
polde, de celles de Tirolle, & de Trente, le
Duc de Bauieres des Siennes, & le Duc de
Neubour de celles de Norgouia & Cleues, ce
que ie feray voir quand i'en feray requiſe.
Meantmoins i'entends tous les iours parler
dans la Frãce des hommes qui croyent eſtre
tres-capables dans la cognoiſſance de la Nature, & dans les Lettres humaines, qui ne
peuuent croire qu'il y aye des Mines, ny que
les hômes les puiſſent trouuer, ſi ce n'eſt par
la conferançe des Demons : mais s'ils auoiét
deſpenſé deux cens mille liures, côme moy,
aux recherches de celles de France, ils chan-
geroient leur propoſition à vne ferme & ſain-
ête croyance: mais ce n'eſt pas d'auiourd'huy
que l'ignorance eſt accompagnee de malice,
& que le poltron hay le vaillant.

Pour concluſion, ie ſupplie tous les Mini-
ſtres de l'Eſtat & des Finances de ſe garder de
ſes gens là, qui demandent de l'argent pour
aller chercher les Mines qui n'ont iamais co-
gneuës, & n'apportent aucuns teſmoignages
des Princes & pays où ils ont faiêt leurs ap-
prentiſſages, des Mines qu'ils ont deſcouuertes, ny des ouuriers qui les ont ſeruis : car ie
craindrois que l'argent deſpencé, leur rapport
fuſt que les Mines couſteroient plus à les ou-

urir qu'elles ne rapporteroient de profit, bien
que ie souftiendray toufiours, au peril de ma
vie, que ce mal procederoit de leur propre
ignorance, & offre de faire voir à mes frais &
defpens que les Mines de France font auffi
bonnes que celles d'Efpagne & d'Hongrie, &
plus faciles à trauailler, à moins de frais & de
peril.

Et quoy que la defpenfe y foit requife, ie m'y
foubzmets de rechef, encore qu'iniuftement,
& enferuant fidellemét fa Maiefté, i'aye efté
defpoüillee d'vne grãde partie de mes biens,
bagues, pierreries, inftrumens propres à cét
effet, papiers & memoires, or & argent. Mines
& Efpreuues de tous les lieux cy deffus nom-
mez, par TOVCHE, GRIPPE MINAV, fans
iufques à prefent auoir peu auoir fatisfaction,
bien que depuis fix mois ie fois à la pourfuite,
auec vne grande defpence, & fans confidera-
tion du retardement de noftre trauail, & auec
des incommoditez fi grandes que ie n'oferois
les exprimer. I'efpere en peu de temps met-
tre foubz la preffe vn volume entier de la fci-
ence & cognoiffance des Mines, le moyen de
les cognoiftre, leurs differances, & les flux
propres pour leur fonte, auec l'ordre des poix
de fin & d'effay, enfemble l'œconomie des
Mines &c. L'ordre de leur Officines (Si Dieu
m'en faict la grace) & que la France mereces

gnoisse ce que ie suis, le bien & l'vtilité que ie
luy apporte. Pour la fontaine Mineralle de laquelle i'ay promis de parler, continuant en
l'affection du seruice du Roy, reuenant du
voyage de Mers, me seruant par tout, & tou-
siours de mes Inuentions, pour descouurir &
recognoistre ce qu'il y à eu en chascun lieu.
Approchant de Chasteau Thierry, posant le
Compas Mineral dans la Charniere Astro-
nomicque pour recognoistre s'il y auoit là
quelques Mines, ou Mineraux, ie trouua y
auoir quelques sources d'eaux Mineralles qui
s'y rendoient, de faict, m'y estant transpor-
tée, cherchant là dedans le lieu de ce Courät,
& entrée casuellement en l'Hostellerie, dite
la Fleur de Lys, ie trouuay des Sources: Sur-
quoy ayant appellé les Officiers de la Iustice,
les Medecins, & les Apoticquaires de la ville,
pour voir la preuue de mon experience, & recognoistre la qualité de ces eaux. Posant de
rechef le Compas Mineral dans sa charniere
sur les Sources, & en leur presence, ie leur fist
voir occulairement (& par Espreuue certaine)
que ceste Fontaine & vne eau qui est en la
Maison de la vefue Guiot estoient Mineralles, & tiroient leurs qualitez Medecinalles,
passant par quelque Mine d'Argent, tenant
d'Or, & par quelque Mine de fer, où le Vitriol estoit assez abondant, & par consequent

tres propres pour deſopiller les abſtru&tions du Foye & de la Ratte, chaſſer la Pierre & Grauelle des reins, arreſter la diſſenterie & tous flux de ſang, & apaiſer les grandes alterations. &c.

Cette deſcouuerte eſt vne benediction de Dieu, dequoy ie luy en rends graces, & croy qu'il n'y à François qui ne ſoit obligé d'en faire autant à mon nom, & le remercier, tant de cét eau Medecinalle, que des autres commoditez par moy deſcouuertes, pour le bien general de la France.